Catalogue

D'UNE COLLECTION

D'ANTIQUITÉS

Vases peints, grecs, étrusques, romains; Bronzes antiques du XVI, siècle et modernes; Marbres antiques, Statuettes, Bustes, Sarcophages, Bas-reliefs, etc.,

PROVENANT DU CABINET

de feu M. le Baron ROGER,

DONT LA VENTE AURA LIEU

Les Mercredi 16, Jeudi 17, Vendredi 18 et Samedi 19 Mars 1842,

HEUR DE MIDI,

EN SON HOTEL, RUE BERGÈRE, 4,

Par le ministère de M° BONNEFONS DE LAVIALLE, Commissaire-Priseur, rue de Choiseul, 11,

Assisté de M. Mannheim, marchand de curiosités, rue de la Paix, 8.

EXPOSITION PUBLIQUE

Les Dimanche 13, Lundi 14 et Mardi 15 Mars 1842, de midi à cinq heures.

TROISIÈME PARTIE.

LE CATALOGUE SE DISTRIBUE,

A Paris, chez MM. BONNEFONS DE LAVIALLE, rue de Choiseul, 11;
MANNHEIM, rue de la Paix, 8;
A Londres, chez TOWN et EMANUEL, new Bond street, 103;
A Bruxelles, chez M. HERIS, rue Royale, 101;
A Amsterdam, chez M. BRONGHEST.

1842

CONDITION DE LA VENTE.

On vendra les Objets dans leur ordre numérique, vacation par vacation.

Les acquéreurs paieront cinq pour cent en sus des adjudications, applicables aux frais.

AVERTISSEMENT.

Nous donnons aujourd'hui au public la suite des vases peints, bronzes antiques, marbres antiques etc., formant la troisième partie des collections de feu M. le baron Roger. Les ventes des deux premières parties se composant d'objets d'arts et de curiosités, anciens et modernes dessins et livres, ayant eu lieu en décembre et janvier.

Cette troisième partie est la plus intéressante sous le rapport de l'art : les vases antiques peints proviennent de la collection de M. le baron Alquier, ministre près la cour de Naples, des collections Durand, Magnancourt, Beugnot, etc.

Les bronzes antiques, parmi lesquels il s'en trouve du plus haut style et du plus beau faire, ont été tirés des principaux cabinets qui se sont vendus depuis quarante ans; il en est de même des bustes en porphyre, basalte, marbre noir et blanc, etc.

On s'est borné à énoncer dans le Catalogue, le plus succinctement possible, chaque objet, de manière seulement à le désigner à messieurs les amateurs, qui sauront bien, sans pompeuse description, et sans dissertations savantes, apprécier le mérite de l'art, du travail, du style et de la conservation.

M. le baron Roger n'a jamais fait restaurer un bronze ou un vase antique, et ses héritiers et nous, livrons la collection d'antiquités aux connaisseurs, dans l'état où il l'a laissée, intacte et complète.

CATALOGUE D'ANTIQUITÉS.

PREMIÈRE VACATION, *le mercredi 16 mars*.

VASES ANTIQUES PEINTS.

1 — Cinq lampes antiques en terre cuite.
2 — Quatre autres lampes en terre cuite, peintes en partie à filets noirs.
3 — Cinq objets en terre cuite, peints en noir; tel que, deux petits vases à goulot, la partie supérieure percée de petits trous; deux petits vases à une anse, et un à anse et goulot.
4 — Trois objets, dont deux petits vases à deux anses, à sujets peints en rouge, homme et femme assis sur un rocher, et tenant d'une main une coupe, de l'autre une grappe de raisin; et une petite coupe à couvercle et deux anses à ornements rouges sur fond noir.
5 — Six objets: trois tasses noires à deux anses, et trois petits vases à une anse, cannelés en relief.
6 — Trois petits vases noirs, dont deux forme d'outre à anse et goulot.
7 — Trois coupes noires sans anse et à piédouche.
8 — Trois petits vases noirs à une anse, dont un cannelé.
9 — Deux coupes rondes noires et un petit vase forme écrasée, à goulot et anse, fond noir.

figure peinte en rouge : femme assise tenant un coffret sur ses genoux, près d'elle un miroir et une bandelette.

10 — Quatre objets noirs dont deux coupes rondes à piédouche et deux anses, et deux lampes.

11 — Trois objets dont deux coupes noires rondes à deux anses, et un guttus à une anse, à biche, et lion peints en rouge.

12 — Deux objets noirs : un petit vase ovale sans anse, orné de lignes blanches en losanges, et une tasse à deux anses, à cannelure en relief et ornements peints en rouge.

13 — Deux objets noirs : un vase forme alongée à une anse, ornements palmettes, et un flambeau peint à raies et filets blancs.

14 — Trois objets noirs dont deux coupes rondes à deux anses carrées, et un guttus à tête casquée, vue de face et en relief.

15 — Trois objets noirs dont deux coupes rondes à deux anses carrées, et un guttus à tête de satyre, vue de face.

16 — Trois objets noirs semblables au numéro précédent.

17 — Six objets noirs dont deux coupes rondes à deux anses, deux petites coupes à piédouches et deux toutes petites coupes.

18 — Trois objets noirs dont deux vases forme écritoire, à deux anses élevées et couvercles, et un guttus cannelé, à tête de femme, vue de trois quarts, en relief.

19 — Trois objets noirs dont deux coupes de forme élevée, à deux anses, et portant des cou-

vercles, et un guttus, à tête de femme, en relief, vue de face.

20 — Trois objets noirs dont deux tasses à deux anses, à ornements blancs, et un guttus : Vénus portée par un cheval marin.

21 — Cinq objets noirs dont une tasse à deux anses, trois petits vases et un joli petit vase ovale à goulot et anses, et à trois figures peintes en rouge.

22 — Trois objets noirs dont deux tasses à deux anses, à ornements peints en blanc, et un guttus : tête de femme, vue de face.

23 — Trois objets dont deux vases forme alongée à une anse, à sujets peints en noir sur fond rouge, femmes et combat singulier, et un guttus : tête d'homme, vue de profil et coiffée d'une tiare phrygienne.

24 — Trois objets noirs dont deux vases forme arrondie, à deux anses, à figures peintes en rouge, et un guttus : tête de satyre, vue de face, en relief.

25 — Deux vases noirs, forme arrondie à une anse, dont l'un, figure de femme peinte en rouge.

26 — Quatre objets dont deux tasses à deux anses, et deux petits vases à une anse, à figures et ornements peints en rouge sur fond noir.

27 — Deux coupes rondes à deux anses carrées, à sujets peints en rouge ; au centre, femmes assises tenant un plateau et une grappe de raisin.

28 — Deux vases oval s à goulot très alongé, à une anse, à génies hermaphrodites ailés, peints

en rouge, et tenant dans leurs mains, un ciste, un miroir, un plateau et une grappe de raisin.

29 — Deux vases dont l'un de forme ovale, à trois anses, à figure de femme en rouge, et l'autre même forme, à deux anses élevées, ornées à leur attache de têtes de femmes, en relief; sa panse ornée d'un génie ailé tenant une patère, et assis sur un chapiteau ionique; devant lui une femme appuyée sur une demi-colonne, et qui ouvre une boîte de forme carrée.

30 — Deux objets dont une coupe à deux anses, élevée sur piédouche, au centre et dessous, des figures de jeunes hommes peints en rouge, dont l'un paraît montrer sa jambe aux autres; et un vase ovale, à long goulot, à anse à sujet : femme assise, pinçant d'une harpe triangulaire (la sambuca).

31 — Un vase forme dite campane : deux femmes tenant des miroirs; au revers, deux figures drapées.

32 — Deux vases même forme, peints en rouge : sur l'un, Minerve assise devant un autel allumé, derrière lequel se tient une femme debout, présentant une boîte d'une main et tenant un sceptre de l'autre; au revers, trois figures drapées. Sur l'autre, Bacchus assis, tenant une couronne et une corbeille; au revers, un Bacchus tenant un thyrse orné d'une bandelette.

33 — Un vase même forme, peint en jaune : Bacchus

assis devant un Silène couvert de poils, qui lui verse à boire; au revers deux figures d'éphèbes drapés.

34 — Deux petits vases forme écrasée, surmontés d'un goulot, garnis d'une anse ornée de mascaron, l'un peint en blanc à ornements, l'autre en rouge: femme demi-assise et tenant un miroir; une bandelette est attachée auprès d'elle.

35 — Un grand vase forme dite campane, peint en jaune : trois femmes drapées, celle du milieu assise et tenant deux couronnes; au revers, trois figures.

36 — Un vase de forme dite prœfericulum, à deux anses, peint en rouge : une femme assise et bien drapée, tenant d'une main une boîte, de l'autre un rameau orné d'une bandelette; au dessus d'elle sont attachés un miroir, une patère et un instrument de musique; au revers, un génie ailé debout, tenant d'une main une bandelette, et l'autre au haut d'un candélabre: un miroir et une autre bandelette sont attachés au dessus de lui.

37 — Un vase forme dit campane, peint en rouge rehaussé de blanc; un bacchant tenant à sa main gauche un seau; devant cette figure est un jeune homme, en partie drapé, tenant un oiseau sur sa main droite; derrière le bacchant est peinte une femme se drapant; aux revers, deux figures.

38 — Deux vases forme de seau, à deux anses, l'un peint en rouge; une femme assise sur un

chapiteau ionique, tenant un plateau sur sa main droite; au dessus d'elle est peint un génie hermaphrodite ailé, tenant une couronne; devant la première figure est un faune debout, tenant une tige d'une main et un seau de l'autre; au revers une tête de femme, vue de profil; l'autre vase le bord est peint en noir: lion combattant un sanglier; au revers, deux coqs séparés par une fleur de lotus renversée.

39 — Trois objets dont deux vases à deux anses, et élevés sur piédouche, peints en rouge; sur l'un une femme assise tenant un coffret ouvert et un miroir; à ses pieds un vase à une anse, renversé; au revers, un génie ailé qui vole, tenant un miroir près de lui, un cygne et un rameau; sur l'autre un semblable génie tenant une fleur; au revers une tête de femme ailée, et un troisième vase ovale à anses cordées, à mascarons aux attaches, et à panse cannelée.

40 — Un vase forme campane, peint en rouge rehaussé de blanc : un faune portant un seau; à sa gauche, une femme tenant un tympanum; et à sa droite, un jeune homme couvert en partie d'une draperie; un grand candélabre les sépare; au revers, trois figures. Haut. 35 cent.

41 — Deux vases forme dite proefericulum, peints en rouge : génies hermaphrodites assis, tenant chacun un plateau. Haut. 30 cent.

42 — Un grand vase forme campane, peint en jaune :

une femme assise, tenant sur sa main droite un ciste, et placée au milieu de deux autres femmes debout; au revers, trois figures. Haut. 43 cent.

43 — Deux rhytons : l'un, une tête de génisse, en terre rouge non émaillée ; l'autre, tête de bélier, partie noire partie rouge, à piédouche et anse.

44 — Un vase forme dite campane, peint en rouge : bacchanale, composée de deux femmes, dont l'une tient un tympanum, et de deux suivants de Bacchus, enveloppés dans des peaux de tigres et armés de thyrse ; au revers, trois figures drapées. Haut. 33 cent.

45 — Un vase même forme, de plus grande dimension, peint en rouge : bacchanale composée de trois figures : au centre, un bacchant, tenant un vase de forme campane d'une main et un thyrse de l'autre; devant lui, un autre bacchant, tenant un canthare et un flambeau, et derrière, une bacchante tenant un tympanum ; au revers, trois figures. Haut. 43 cent.

46 — Un autre grand vase de même forme, peint en rouge : un repas composé de quatre hommes couchés sur des lits, d'une joueuse de double flûte et d'une autre figure debout près d'une petite table ; entre les deux lits on voit un candélabre, sur lequel est posée une lampe allumée ; au revers, quatre éphèbes nus. Haut. 39 cent.

47 — Un vase de forme élevé, amphore à une anse

et goulot, peint en rouge : le génie de la vengeance, tenant d'une main un serpent figurant le remords, et étendant l'autre main vers un jeune homme qu'il poursuit, et qui tient encore le poignard, qui paraît lui avoir servi pour commettre un crime. Cet objet est d'un dessin très pur. Haut. 31 cent.

48 — Un vase de forme dite campane, peint en rouge : composition de cinq figures, parmi lesquelles on distingue celle de Mercure; derrière le personnage qui est assis au centre, est peint en blanc un édifice soutenu par deux colonnes; au revers, trois figures. Haut. 33 cent.

49 — Un vase de même forme, peint en rouge : une femme assise, tenant dans la main droite une branche d'arbre, et présentant de sa main gauche un plateau à un jeune homme placé debout devant elle, qui tient d'une main une couronne, et de l'autre s'appuie à une tige d'arbrisseau; au revers, trois figures. Haut. 38 cent.

50 — Deux coupes à deux anses carrées, et élevés sur piédouche, peintes en rouge : sur l'une, au centre, une bacchante tenant un thyrse et un tympanum, et dessous, quatre figures debouts, dont deux drapées et deux nues; sur l'autre, au centre, une femme assise sur un siége, tenant d'une main un tympanum, et de l'autre un plateau chargé de fruits; au dessous quatre figures drapées. Diamètre 20 et 22 cent.

51 — Un grand vase forme ovoïde, amphore à trois anses, peint en jaune : une femme tenant une couronne de la main droite, et portant une boîte de la main gauche; devant elle un jeune homme tenant une guirlande; entre les figures se trouve un petit autel, et sous les deux anses, deux têtes de femmes vues de profil. Hauteur, 40 centimètres.

52 — Un vase de forme ovale, amphore à deux anses, verni entièrement noir, figures peintes en rouge : vieillard drapé s'appuyant sur un bâton, et présentant un bandeau qui paraît être un prix à un jeune homme qui tient d'une main une lyre, et reçoit de l'autre le prix mérité; au revers une figure à demi drapée s'accoudant sur un bâton, dans la pose d'une personne livrée à ses réflexions. Hauteur, 35 centimètres.

53 — Un vase forme campane, peint en jaune; un arimaspe monté sur un griffon, tenant un thyrse dans sa main droite; devant lui un autre arimaspe à pied, et tenant de même un thyrse; et derrière lui une femme portant d'une main un seau et de l'autre un plateau; trois figures au revers. Hauteur, 30 centimètres.

54 — Deux vases de forme alongée, amphores à goulot et une anse, peints en rouge : sur l'un un jeune homme assis et à demi drapé, tenant un bâton; devant lui une femme debout lui présente une corbeille sur laquelle est posé un vase peint; sur l'autre une bac-

chante courant et tenant une bandelette et un tympanum; près d'elle un éphèbe nu s'appuyant sur une palme. Hauteur, 34 et 31 centimètres.

55 — Un vase forme campane, peint en rouge : une bacchante et trois suivants de Bacchus; au revers trois figures. Hauteur, 30 centimètres.

56 — Un vase de forme ovoïde, amphore à trois anses, peint en rouge : un génie ailé cherche à atteindre une femme qui paraît fuir à son approche. Hauteur, 25 centimètres.

57 — Un vase forme campane, peint en rouge : une bacchante jouant de la double flûte au milieu de quatre suivants de Bacchus, dont l'un danse, un jouant du tympanum, un autre portant un plateau chargé de fruits, et un flambeau. Hauteur, 34 centimtres.

58 — Deux coupes à deux anses, dont l'une élevée sur piédouche, peintes en rouge : au centre de la plus grande, une femme accroupie passant un vêtement, devant elle une autre femme, debout et vêtue, élève son bras droit, et semble la garantir des regards indiscrets; de la main gauche elle tient un miroir; au-dessous six figures dont quatre drapées. Diamètre de l'une, 26 centimètres; de l'autre, 22 centimètres.

59 — Un vase de la plus grande dimension, amphore à mascarons, peint en rouge, relevé de blanc, à anses se terminant par des cols et têtes de cygnes, et le haut orné de mascarons,

têtes de Minerve : un temple à colonnes ionique, dans lequel se trouve un guerrier armé d'une lance et s'appuyant sur son cheval. Ce sujet est peint en blanc. De chaque côté du temple une figure de femme et une d'homme assis et debout, portant des couronnes, des bandelettes, des plateaux, des rameaux et un éventail. Au revers, le même temple dont la porte est fermée et entourée des mêmes figures dont deux portent des miroirs ; le col du vase orné d'une tête vue de face, coiffée d'un bonnet phrygien et entourée d'arabesques. Hauteur, non compris les anses, 75 centimtres ; anses comprises, 86 centimètres.

60 — Un vase, amphore à deux anses, noir, figures rouges : Mars casqué tenant d'une main la lance, de l'autre le bouclier orné d'un scorpion ; au revers, une figure drapée. Hauteur, 33 centimètres.

61 — Deux vases dont l'un de forme dite prœfericulum, peint en rouge relevé de blanc : une femme assise et tenant un parasol ; devant elle un génie hermaphrodite ailé lui présente un panier d'où sort une ampoule ; au revers une tête de femme vue de profil. L'autre, de forme avoïde à goulot et une anse, peint en jaune : une femme présentant une patère et une ampoule à une autre femme assise sur un rocher.

62 — Deux objets : une coupe vernie noire sur piédouche et un vase de forme arrondie, à une anse

à nœud, peint en jaune : un jeune homme assis portant un plateau; derrière lui une femme tenant une branche de laurier et une ampoule, et devant lui un génie hermaphrodite ailé, le pied gauche posé sur un chapiteau ionique, et tenant une couronne et une bandelette.

63 — Trois coupes dont une noire sur piédouche et deux à anses : au centre de l'une, peinte en rouge, un sauteur tenant des contre-poids, et placé devant un cippe; et au centre de l'autre, de même en rouge, un sauteur à peu près semblable.

64 — Trois autres coupes à anses, dont une profonde noire, et deux plus petites élevées sur piédouche : au centre un lièvre, et un guerrier combattant.

65 — Deux petits vases forme campane, peints en jaune : têtes de femmes vues de profil et un hermès informe.

DEUXIÈME VACATION, *le jeudi 17 mars.*

MARBRES ANTIQUES ET VASES ANTIQUES PEINTS.

66 — Quatre vases de formes diverses, peints en rouge, à figures et têtes.

67 — Deux objets : un couvercle en serpentine fracturé, sur lequel une main sculptée en relief et un morceau de vase en matière orientale,

portant plusieurs lignes hiéroglyphiques in-
cisées.

68 — Trois morceaux en terre cuite antique, provenant de frises à bas-reliefs, dont un Cupidon
portant une couronne, dans une palmette,
Amour supportant une guirlande de fruits ;
et le dernier à ornements.

69 — Deux frises antiques en terre cuite, l'une à bas-
relief : deux jeunes faunes montés sur des
Chimères, dont l'avant-corps formé par des
lions qui appuient chacun une de leurs pattes
sur un vase de forme antique à deux anses,
et qui les sépare; l'autre frise : deux bacchants agenouillés, cueillant et pressant du
raisin dans des vases ; ils se trouvent séparés
par un cep de vigne dont les branches for-
ment des ornements au dessus d'eux.

70 — Deux pièces en terre cuite : une tête de satyre,
bas-relief encadré, et un buste demi-nature
de Milon de Crotonne.

71 — Un bas-relief carré en terre cuite, antique : Silène, Cupidon, et bacchantes jouant du
tympanum.

72 — Un bas-relief carré en terre cuite, antique: deux
prêtresses drapées, portant des offrandes au
temple, fruits et gibier.

73 — Un bas-relief en terre cuite, antique : bacchant
portant un thyrse orné d'une bandelette, et
un génie éteignant d'une main un flambeau
et soutenant de l'autre, sur son épaule, un
grand vase (amphore bachique).

74 — Une mosaïque antique : oiseau de couleurs va-

riées, perché sur une branche d'arbre, cadre carré.

75 — Une autre mosaïque antique, masque de la tragédie, cadre rond.

76 — Un petit bas-relief en marbre provenant d'une frise, deux petits génies cherchant à faire entrer un lièvre dans un piége.

77 — Un fronton de sarcophage en marbre blanc, sculpté en relief antique : un bige dans lequel est monté un génie portant une palme et une couronne ; derrière lui un autre génie porte une guirlande ou bandelette ; et deux autres génies portant des palmes, marchant à côté du char. Les deux côtés de ce bas-relief sont ornés de têtes de satyres vues de profil.

78 — Une frise en marbre blanc antique, sculpté à bas-relief : combat des Centaures et des Lapithes, bordure dorée.

79 — Un buste en marbre blanc antique : Julia. Cet objet est fruste.

80 — Un buste en marbre blanc, grandeur nature, antique : Commodus (le nez est rapporté), sur piédouche en marbre brocatelle.

81 — Une petite tête en marbre blanc antique : Jupiter olympien.

82 — Un buste, grandeur nature, en marbre blanc antique : Caracalla sur piédouche en marbre peint.

83 — Un ibis en basalte, grande dimension. Cet objet a un peu souffert.

84 — Un buste en marbre blanc, grandeur nature :

tête de comédien.

85 — Une urne cinéraire en marbre blanc, évidée et à couvercle, sculptée en bas-relief : des rameaux de chêne et de laurier renversés, un couteau de sacrificateur et une hache de licteur.

86 — Un buste, grandeur nature, en marbre blanc : tête de Silène couronné de pampre.

87 — Une statuette antique en marbre blanc : satyre appuyé contre un tronc d'arbre et ayant les mains attachées derrière le dos. La tête est rapportée.

88 — Un buste d'enfant, grandeur nature, en marbre blanc, drapé.

89 — Un grand vase funéraire, de forme élevée, à anses prises dans la masse, en basalte : monument très curieux.

90 — Un buste très gracieux en marbre noir, d'un travail très soigné : négresse jeune sur fût de colonne cannelée en marbre blanc.

91 — Un buste en marbre blanc, grandeur demi-nature : Jupiter-Ammon, beau travail antique. Le bout du nez est restauré.

92 — Deux bustes, grandeur nature, en marbre de rapport et peint, nègre et négresse sur gaîné en marbre noir.

93 — Un sarcophage en marbre blanc, à guirlande, sculpté en relief et portant une inscription incisée.

94 — Deux fûts de colonnes de très grande dimension, en porphyre de Suède ; le tors à moulures en granit vert des Vosges.

95 — Un bouc unicorne et bridé, en marbre noir antique, supporté par un tronc de palmier en rouge antique.
96 — Un sarcophage en marbre blanc, orné de sculpture : guirlandes de fleurs, palmettes, etc., portant une inscription incisée.
97 — Une tête de Jupiter, applique en rouge antique.
98 — Une tête d'Alexandre, coiffée du bonnet phrygien, bas-relief applique en marbre blanc, grandeur plus que nature.
99 — Un petit modèle de tombeau antique, contenant un petit squelette et plusieurs vases et lampes, imitation étrusques.
100 — Un buste, grandeur nature, en basalte, travail antique très précieux : Julia, fille d'Auguste, sur piédouche en granit oriental, orné de bronze.
101 — Un vase forme ovale, amphore à une anse, peint en noir sur fond blanc : trois danseuses jouant des crotales; celle du milieu est couronnée de lierre ; les deux autres ont des coiffures élevées comme le tutulus des étrusques ; elles ont pour surtout des nébrides. Hauteur, 26 centimètres.
102 — Un grand vase forme sicilienne à quatre anses, peint en rouge : deux cavaliers; auprès du dernier un cippe, et sous le cheval se trouve à terre un vase renversé, forme d'amphore bachique; au revers, trois figures drapées. Hauteur, 44 centimètres.
103 — Un petit vase en terre de Nola, forme aiguière, amphore à une anse, peint en rouge : deux

femmes vêtues de tuniques tiennent, l'une une ampoule, l'autre une bandelette. Hauteur, 19 centimètres.

104 — Un autre petit vase semblable au précédent.

105 — Un petit vase d'une jolie forme ovale, amphore à une anse double, peint noir sur fond rouge : un guerrier armé de toutes pièces et muni d'un bouclier rond orné d'une étoile ; un chien est auprès de lui, et de chaque côté se tiennent des hommes drapées et armés de lances. Hauteur, 15 centimètres.

106 — Une coupe à deux anses élevée sur piédouche, peinte en rouge : au centre, un homme barbu tenant de la main droite une coupe, de l'autre il soulève une draperie qui couvre une jeune femme couchée ; près de lui, sur un lit de repos, sous lequel est placé une table et la chaussure de l'homme, un bâton noueux et une autre coupe, se trouvent dans le champ ; au dessous de la coupe, huit figures d'hommes drapées en parties et dans la pose d'exécuter des danses mimiques. Diamètre, 26 centimètres.

107 — Un vase de forme ovale, amphore à une anse, peint noir sur fond rouge : quatre figures parmi lesquelles on distingue Minerve et Hercule vêtu de la peau du lion de Némée et armé de sa massue. Hauteur, 21 centimètres.

108 — Un vase forme ovale, amphore à deux anses, peint noir sur fond rouge : le vieux Silène couronné de lierre, monté sur un mulet ity-

phallique, devant lequel se trouve à demi agenouillé un faune barbu ; derrière le mulet un autre faune barbu porte sur l'épaule gauche une outre pleine; dans le champ, des ceps de vigne chargés de raisins ; au revers, trois faunes dansant portent sur leurs épaules des bacchantes jouant des crotales. Hauteur, 32 centimètres.

109 — Deux coupes à deux anses et élevées sur piédouche : au centre, peint noir sur fond rouge, sur l'une un sphinx, et l'autre une figure dansante ; au-dessous, des bacchanales. Diamètre de 19 à 20 centimètres.

110 — Un vase, forme dite campane, peint rouge: Bacchus indien tenant un thyrse et un canthare, dans lequel un silène, qui le suit, lui verse d'un œnochoé qu'il tient à boire, de l'autre main il tient une lyre : Bacchus est précédé d'une bacchante qui joue du tympanum ; au revers, trois éphèbes drapés de tuniques. Hauteur, 29 centimètres.

111 — Une grande coupe à deux anses, élevée sur piédouche, peinte à l'intérieur ; masque de la Comédie, rouge sur fond noir ; au-dessous, des têtes de bacchants barbus couronnés de lierre, noir sur jaune. Diamètre, 31 centimètres.

112 — Un grand vase, forme dite campane, peint en rouge : scène comique jouée par deux bacchants, devant une femme vêtue d'une tunique et tenant un thyrse ; au revers, trois figures. Hauteur, 33 centimètres.

113 — Une grande coupe peinte en jaune sur fond noir, à deux anses et élevée sur piédouche : au centre, un cheval, et dessous, d'un côté, deux guerriers armés de toutes pièces combattent un âne ityphallique ; de l'autre côté, un âne ityphallique entre deux bacchants barbus et couronnés de lierre, dont l'un le conduit et l'autre paraît vouloir l'arrêter. Diamètre, 34 centimètres.

114 — Un grand et beau vase, forme amphore bachique, à deux anses, peint en noir à la pointe, relevé de blanc sur fond rouge : deux guerriers armés de toutes pièces combattant une amazone casquée ; au revers, ces mêmes guerriers se trouvent au milieu de deux femmes vêtues de tuniques, mais désarmés, qui paraissent implorer leur clémence ; un grand chien se trouve auprès des guerriers. Hauteur, 43 centimètres.

115 — Un vase, forme œnochoé, à une anse, verni noir, peinture noir à la pointe, relevé de blanc sur fond rouge : deux guerriers armés de toutes pièces, agenouillés et paraissant déposer les armes au pied de Minerve, sous la figure d'une femme portant le casque à cimier et vêtue d'une longue tunique ; dans sa main droite elle tient une lance. Hauteur, 22 centimètres.

116 — Un grand vase, forme sicilienne, à quatre anses, peint rouge sur fond noir : une femme montée sur un quadrige ; la Victoire vole à

sa rencontre; au revers, trois figures drapées. Hauteur, 40 centimètres.

117 — Un grand et très beau vase à deux anses et muni de son couvercle, peint en noir à la pointe sur fond rouge : trois guerriers combattent armés de toutes pièces; un autre guerrier couvert d'une peau de lion; à terre est couché un guerrier blessé; au revers, deux figures, dont l'une armée de toutes pièces, sont montées dans un trige; l'oiseau de Minerve vole dans l'air et paraît accompagner le char. Ce vase porte plusieurs inscriptions grecques; le couvercle est orné de cerfs et d'oiseaux à tête humaine, que nous supsons l'oiseau de Minerve. Hauteur, 54 centimètres, bouton compris.

118 — Une coupe à deux anses et élevée sur piédouche, peint en jaune sur fond noir : au centre, Bacchus indien portant une coupe et une lyre, accompagné d'un bacchant portant un vase et un bâton noueux; au-dessous de la coupe dix figures de suivants de Bacchus, exécutant des scènes mimiques et ayant plusieurs objets, tels que la double flûte, lyre, tympanum, coupes, vases et bâton noueux. Diamètre, 32 centimètres 5 millimètres.

119 — Un grand vase, forme sicilienne, à quatre anses, peint en rouge sur fond noir : Rhéa présentant une pierre enveloppée à Saturne, composition de quatre figures; au revers, trois figures drapées, parmi lesquelles un

génie, un vieillard s'appuyant sur un bâton et une femme. Hauteur, 44 centimètres.

120 — Un vase, forme campane, peint en rouge sur fond noir : une femme assise, vêtue d'une tunique et tenant un sceptre ; devant elle une autre femme drapée, et derrière elle un génie, vêtu d'une longue tunique, portant d'une main une couronne, et de l'autre un plateau chargé de fruits ; au revers, trois figures drapées.

121 — Un vase, forme ovale, à trois anses, verni noir, un rang de perles au cou du goulot. Hauteur, 24 centimètres.

122 — Un vase, forme dite aujourd'hui Médicis, peint en blanc et jaune sur fond noir : la Victoire sur un bige ; sous les chevaux est peint un petit chien ; au revers, une guirlande de laurier et d'olivier surmontée d'une colombe. Hauteur, 47 centimètres.

123 — Un vase ovale, à deux anses, peint en jaune sur fond noir : un guerrier, armé de toutes pièces, combat deux centaures, dont l'un est armé d'une branche d'arbre, et l'autre d'une pierre, et d'une peau de mouton qu'il porte en guise de bouclier. Hauteur, 25 centimètres.

124 — Un vase, forme dite campane, à deux anses, peint en jaune sur fond noir : une femme, vêtue d'une tunique, est assise et tient un flambeau ; un jeune homme, debout devant elle, tient un bâton d'une main, de l'autre il tient une couronne au dessus d'un autel

qui se trouve entre eux ; au revers, deux éphèbes enveloppés de longues tuniques. Hauteur, 38 centimètres.

125 — Un vase noir campane, orné, sur une face seulement, de guirlandes, peint en jaune et blanc : les anses sont formées de mascarons ; en relief, têtes de lion. Hauteur, 33 centimètres.

126 — Un vase, forme dite prœfericulum, à une anse, peint en rouge relevé de blanc : une femme assise sur un chapiteau ionique et portant un plateau ; derrière elle une femme baissée tient un éventail et un seau, et devant elle une autre femme et un jeune homme portant un éventail, un cep de vigne, un seau et une bandelette ; dans le champ un génie hermaphrodite, un cygne et plusieurs bandelettes. Hauteur, 40 centimètres.

127 — Un vase, forme campane, à deux anses, peint en jaune relevé blanc : quatre Ménades vêtues portant des flambeaux et plateau ; au revers, trois figures drapées. Hauteur, 32 centimètres.

128 — Un vase, dit prœfericulum, à une anse et à panse ronde, verni noir et cannelé en relief, son goulot orné d'une guirlande et d'une croix.

129 — Deux vases de formes diverses, dont l'un fracturé.

130 — Quatre vases de formes diverses, en terre cuite, rouge.

TROISIÈME VACATION. — *Vendredi 18 Mars.*

BRONZES ANTIQUES, ETC.

131 — Une figurine égyptienne, bronze antique, représentant Anubis.

132 — Deux figurines égyptiennes : une femme assise, à laquelle un serpent mord le sein ; sur le socle une incrustation représentant une bourse d'où s'échappe des serpents, et autre petite figurine portant une lampe sur sa tête.

133 — Treize pièces : cinq demi-boules creuses, deux têtes de bélier ayant servi de monture à un vase et six petites fibules.

134 — Deux objets : un oiseau dont la tête est remplacée par une tête de femme coiffée d'une tiare phrygienne, dont le cou est orné d'un triple collier. Cette figure singulière, qui est posée sur le haut d'un pied très élevé, a été fortement dorée, et un pied provenant d'un trépied d'une grande finesse d'exécution et d'une belle patine. (Collection Alquier.)

135 — Trois petits objets : un petit sanglier, une tête de cerf, et l'avant-train d'un chien barbu. (Collection Alquier.)

136 — Deux statuettes, dont l'une représente un Camille, l'autre une Abondance. (Collection Alquier.)

137 — Cinq gonds de porte trouvés à Pompéia.

138 — Quinze pièces : sept anneaux perlés et huit autres à filets.

139 — Une vase antique d'une jolie forme, qui a perdu sa patine dans un incendie.

140 — Deux objets : une coquille striée ayant servi de moule à pâtisserie, et une petite patère à moulure en dessous, trouvée à Pompéia. (Collection Alquier.)

141 — Trois objets en bronze moderne : une figurine moulée sur l'antique, représentant Silène tenant dans ses bras le jeune Bacchus; autre petite figurine représentant une déesse, et un petit Hercule tenant sa massue. (Par de Lafontaine.)

142 — Quatre objets : une petite figurine représentant un prêtre égyptien, une autre représentant Osiris, une troisième Minerve, et une quatrième figure couchée.

143 — Deux objets : une petite figurine représentant un empereur romain très bien drapé, et une plus petite figure de femme représentant l'Espérance tenant une corne d'abondance et une rame.

144 — Bronze moderne, par de Lafontaine : un petit saltimbanque faisant des tours et formant lampe : copie d'une lampe antique.

145 — Deux bronzes modernes, du même : petit groupe composé de deux figures moulées sur l'antique représentant Hercule étouffant Antée, et autre statuette sur socle carré long représentant Diane.

146 — Trois pièces modernes, par le même : un Hercule indien, un petit hermaphrodite, et un autre petit Hercule.

117 — Deux objets : tête de satyre ayant une bélière sur la tête, et une petite tête de Minerve ayant servi de couvercle, belle patine.

148 — Une petite statuette : Hercule, bronze étrusque, d'une belle patine.

149 — Quatre objets : une petite figurine représentant un satyre portant sur l'épaule gauche un amphore; fragment d'une statuette de femme; un saltimbanque égyptien, et un bronze gaulois représentant une petite statuette derrière un cheval. Les trois premiers ont des masques d'une grande finesse d'exécution.

150 — Trois objets : un bronze antique grec représentant Harpocrate tenant de la main gauche une corne d'abondance; un petit Camille, et une autre petite figurine assise sur un socle d'architecture.

151 — Bronze moderne de Lafontaine : hibou tenant trois souris sous ses serres.

152 — Une mesure égyptienne : μηςον, bronze antique.

153 — Trois figurines, bronze moderne, par de Lafontaine : petite figurine représentant Esculape, un petit Silène tenant Bacchus enfant dans ses bras, et un hermaphrodite.

154 — Une belle lampe antique très bien conservée, dont le couvercle représente un cygne, et l'anse une feuille de chêne : elle a sa chaîne de suspension.

155 — Un très beau fragment d'une statue représentant Jupiter, les yeux incrustés d'argent

bronze antique grec d'un fairé magnifique et d'une belle conservation de patine.

156 — Quatre petits bronzes antiques grecs et égyptiens : le bœuf Apis, un petit sanglier, un chat et un lévrier.

157 — Une très belle tête de Goliath en bronze florentin, extrêmement légère de fonte et remarquable d'exécution.

158 — Une casserole portant sur son manche l'inscription qui suit : *Tiberi Flacci*. (Collection Alquier.)

159 — Un mulet expirant, magnifique bronze antique grec, remarquable par son exécution, dans laquelle l'artiste a parfaitement rendu la souffrance éprouvée par l'animal au moment de mourir; d'une très belle patine, particulièrement recommandé à MM. les amateurs comme un des beaux monuments antiques.

160 — Une petite chèvre couchée, antique grec, d'une belle patine et d'une bonne conservation.

161 — Un léopard antique sur un bout de socle fondu, avec ébauche belle et hardie, d'un artiste grec; patine naturelle très belle.

162 — Un loup couché et endormi; très beau bronze antique grec, fondu à cire perdue, remarquable par sa légèreté et la beauté de la sculpture. Objet très rare dans les collections.

103 — Hercule au repos, appuyé sur sa massue et portant sur son bras gauche la dépouille du lion de Némée; bronze antique grec d'une

parfaite exécution; la patine et l'oxide font présumer qu'il a été trouvé dans les décombres après un incendie. Cette statue tiendra toujours le premier rang dans un cabinet de bronzes antiques.

161 — Un bronze grec représentant un mime en scène: statuette d'une grande finesse d'exécution, montée sur une colonne en marbre orbiculaire, garnie en bronze doré. Ce joli petit monument, qui provient du cabinet Denon, se recommande de lui-même à MM. les amateurs.

165 — Le sanglier de Calydon, très beau bronze de la plus haute antiquité, les yeux incrustés en argent; d'une très belle patine. Nous nous dispensons de rien dire de plus sur ce beau et célèbre bronze, ouvrage d'un des premiers artistes de la Grèce, parce qu'il se trouve décrit dans Caylus, Winkelmans, et Stock. Nous le recommandons particulièrement à MM. les amateurs.

166 — Main isiaque, bronze antique égypto-grec, présentant trois doigts en l'air, et l'annulaire et le petit doigt pliés. On y voit différents hiéroglyphes, tant sur la partie extérieure que sur l'intérieure; sur l'une, la flûte, la cymbale, le cistre, le phallus, le coutre, la cythare, le glaive; sur l'autre, une tortue, une baguette; un serpent entoure le poignet; sur l'extrémité du pouce est une noix de pin; les deux doigts élevés supportent la foudre. (Voir, pour plus ample description,

Pignorius, vol. in-4°. Amsterdam, 1669.) Cette main votive étant consacrée à Isis-la-Grande, elle se trouve gravée dans l'Antiquité dévoilée et rapportée dans Caylus, etc.

167 — Une petite statuette en bronze antique présentant un prêtre invoquant les dieux : ébauche remarquable par le grandiose et la pose du sujet.

168 — Deux objets en bronze grec antique, une petite patère dont le manche est formé par un lièvre courant, le dessus et l'intérieur profilés ; et une petite buire d'une très jolie forme : l'anse se termine par une tête de satyre d'une très belle conservation et d'une belle patine.

169 — Vingt et un sceaux, de forme oblongue, provenant du cabinet de M. le baron Alquier.

Ces sceaux, à l'exception d'un seul, sont tous gravés en relief et la direction de leurs inscriptions est contraire à celle dans laquelle nous les avons copiées. On peut consulter, sur l'usage de ces espèces de cachets, les auteurs suivants, qui en ont aussi fait connaître quelques uns :

Fabretti. Inscriptionum antiquarum, page 636.

Gorlœus Dactyliothecæ etc., n° 201.

Baudelot de Dairval : *de l'Utilité des Voyages*, t. Ier, p. 306, 314, 330.

Musœum Arigoni, antiquitates æneæ diversæ, pl. 23.

Muratori, novus thésaurus viterun antiquitatum, t. IV, pl. B., p. 2101.

Caylus. Recueil d'antiquités, etc., t. I, pl. 94.

IV, pl. 32, 57, 81, 103. VI, pl. 39, 98, 41. VII, pl. 52, 61.

Sceau de forme oblongue, auquel est attaché un anneau.

SOCRATES. Longueur, 5 centimètres.

Même objet et même forme.

CHRY (un dauphin).
SO. CA. Longueur, 4 centimètres 2 millimètres.

Même objet et même forme.

DRYAS. Longueur, 5 centimètres 8 millimètres.

Même objet et même forme.

C IVHPMPLI. Longueur, 8 centimètres.

Même objet et même forme.

Sur le chaton de l'anneau sont gravées en creux les lettres ISA TSTATILI, AMETHYSTI. Longueur, 7 centimètres 3 millimètres.

Même objet et même forme.

Q FLORI.
CHRESIMI. Longueur, 5 centimètres 3 millimètres.

Même objet et même forme.

Sur le chaton de l'anneau est gravé en creux un vase à une anse.
M VALER.
SVNER. Longueur, 4 centimètres 7 millimètres.

Même objet et même forme.

C. M. C. P. Longueur 35 millimètres.

Même objet et même forme.

Q. PÆSIDI.
FORTUNATI. Longueur, 6 centimètres.

Même objet et même forme.

Sous le chaton de l'anneau est gravé en creux un vase à une anse.

Q OFIL
EPAPR. Longueur, 7 centimètres.

Même objet et même forme.

SEX. MAJ.
PROCULI. Longueur, 4 centimètres 8 milimètres.

Même objet et même forme.

CN. TIGI.
QUIETI. Longueur, 5 centimètres.

Même objet et même forme.

MVP
MARC. Longueur, 6 centimètres.

Même objet et même forme.

IVCILV
CCICA. Longueur, 4 centimètres.

Même objet et même forme.

SACITTI. Longueur, 5 centimètres.

Même objet et même forme (double).

Sur le chaton de l'anneau est gravé un vase à deux anses. Sur l'un des cachets on lit NACR, sur l'autre CVI. Longueur, 3 centimètres et demi.

Même objet et même forme.

Nota. Les lettres de ce sceau sont gravées en creux.

RUMOREOUS. Longueur, 4 centimètres 4 millimètres.

Même objet, forme de pieds.
Q. SICINI.
VRSICILLI. Longueur, 5 centimètres et demi.

Même objet et même forme que le précédent.
MCPR. Longueur, 4 centimètres 3 millimètres.

Même objet, forme de lierre.
AITH.
ALESI.
COL.
AE.
C. Longueur, 4 centimètres.

Même objet, forme de colombe.
C. DFF. Longueur, 5 centimètres.

Même objet, forme de S.
ILAETIVI. Longueur, 3 centimètres et demi.

Bague de bronze doré.
Sur le chaton est gravé en creux un poisson couvert d'écailles, placé au dessus de trois tiges qui portent chacune un fruit de forme ronde. Le tour du champ est orné par un filet de perles, en dedans duquel on lit l'inscription suivante : MINICU. Longueur du chaton, 16 millimètres.

Bague de bronze.
Sur le chaton est gravée l'inscription suivante, qui, ainsi que celle qui précède, est donnée dans le sens qui présente son empreinte :

HΦH

KEBO. Longueur du chaton, 14 millimètres.

170 — Une statue représentant Silène, tenant de la main gauche une coupe de libations, appuyé de la droite sur un tronc d'arbre, bronze antique grec du plus beau temps de l'art et d'un des premiers artistes de l'antiquité, sujet remarquable par sa beauté, ses belles formes anatomiques : l'expression de la tête ne laisse rien à désirer ; elle est présumé avoir été trouvée dans les décombres d'une ville incendiée de la Grèce. C'est incontestablement l'un des plus beaux bronzes du cabinet de M. Roger, et il est digne de tenir le premier rang dans toute autre collection.

171 — Une statuette, très beau bronze grec, représentant Mercure au repos, tenant d'une main un caducée, de l'autre une gerbe d'épis. Objet d'une grande finesse, d'une très belle exécution, d'une patine bien conservée ; les jambes sont fracturées.

172 — Une statue d'Isis en basalte. Ouvrage égypto-grec de la plus grande beauté ; les pieds sont restaurés.

173 — Une petite statuette en argent, représentant un Mercure de Jean de Bologne, tenant d'une main son caducée, de l'autre retenant sur sa tête une couronne de laurier. Cette petite statue paraît avoir servi d'anse ou de couronnement à un monument ; elle est d'une fine et belle exécution, comme le sont tous les ouvrages de ce célèbre artiste.

174 — Deux objets : une très grande coupe antique

en bronze, d'une forme très agréable : le fond de la coupe orné d'une tête de Méduse en argent, entourée d'une couronne de lierre, le dessous cannelé et orné d'une guirlande de vigne au pourtour ; ouvrage d'une très belle exécution. Autre coupe servant de pendant, de même forme et de même dimension : l'intérieur orné d'un aigle, sur un fond champ-levé, le dessous orné d'une guirlande de pavots et blé, le culot goudronné. Ces deux coupes seront réunies ou divisées, à la demande de MM. les amateurs.

175 — Une petite statuette représentant un avare méditant sur la place où il va cacher son trésor, sujet indiqué par la bourse qu'il tient à la main. Bronze présumé du XVIe siècle, dans lequel l'artiste a parfaitement réussi par le costume, l'expression de tous les traits du personnage, à donner une idée exacte de l'avare.

176 — Une statuette, bronze antique grec, représentant Jupiter de Dodonne, remarquable par la noblesse donnée au sujet, le grandiose et la finesse de l'exécution.

177 — Une anse, provenant d'un vase, représentant deux acrobates faisant des tours : bronze antique égypto-grec, remarquable par sa belle exécution, sa belle patine et son ensemble. Recommandé à MM. les amateurs.

178 — Très joli bronze représentant Bacchus jeune

endormi, d'une grande finesse d'exécution et d'une fonte très légère.

179 — Une casserole en bronze antique, d'une très belle patône, avec moulure et profils en dessous.

180 — Trois objets en bronze antique : une tête de bélier, provenant du cabinet Denon, les yeux et le collier incrustés en argent ; une petite tête cheval expirant, qui se trouve gravée et décrite dans Caylus, et un bouc se cabrant. Ces trois bronzes méritent l'attention des connaisseurs.

181 — Un très beau bronze égyptien antique, représentant une momie égyptienne, tenant d'une main un compas, de l'autre un équerre, le corps chargé d'hiéroglyphes, d'une belle exécution. Ce bronze est très fin dans son ensemble, et recommandé à MM. les amateurs.

182 — Une figurine représentant un prêtre égyptien tenant le bâton des augures, bronze égyptien d'une très grande finesse.

183 — Trois objets : un poignard, bronze antique ; une anse de vase, dont le haut forme trois têtes de lion, le bas deux serpents, et une autre anse, dont le haut représente un griffon et le bas une petite tête de Mercure. Ces objets sont d'une très belle exécution et d'une patine admirable.

184 — Une jolie petite figurine, bronze du XVIe siècle, représentant l'Envie montée sur un piédouche en bronze doré. Elle se recom-

mande à MM. les amateurs, par la beauté de l'exécution.

185 — Une figurine bronze antique, représentant Hercule des Gaules : bronze d'une grande rareté.

186 — Joli petit bronze antique grec, représentant un cheval au galop, d'une grande hardiesse d'exécution et d'une belle patine.

187 — Junon, figurine bronze antique grec de la plus grande beauté, d'une exécution parfaite et d'une très belle patine. On peut considérer, quoique d'une très petite dimension, cette statuette, trouvée près Bavay, dans la forêt hercinienne, sous les racines d'un vieux chêne, comme l'œuvre d'un des premiers artistes de l'antiquité. On présume qu'elle aura appartenu à quelque chef de l'armée romaine, lors de l'expédition de Varus. Cet article est particulièrement recommandé à MM. les amateurs.

188 — Un bronze antique grec représentant un faune à genoux sur un trépied, ayant à sa gauche un lion et tenant de sa main droite une coquille marine qui a dû servir de lampe. Ce bronze, qui a beaucoup d'expression et de finesse, est d'une forte dimension pour son époque, et forme un monument complet.

189 — Bronze antique grec, figurine représentant le buste de Socrate : ouvrage du temps.

190 — Très belle tête de bouc, ayant formé la tête

de l'anse d'un vase, d'une parfaite exécution
et d'une belle patine.

QUATRIÈME VACATION. — *Samedi 19 mars.*

BRONZES ANTIQUES, VASES EN PORPHYRE ORIENTAL, MARBRES ET OBJETS DIVERS.

191 — Deux vases canopes, dont la fermeture de l'un représente un Isis, et l'autre un scarabée entouré d'un serpent en argent.

192 — Une tête de Minerve, bronze antique : les yeux incrustés d'argent, le cou orné d'un collier, belle patine ; ce bronze a servi de poids.

193 — Cinq têtes d'armes offensives, entourées de pointes. (Collection Alquier.)

194 — Deux objets : une tête de Minerve, d'une belle conservation de patine, et un coin. (Collection Alquier.)

195 — Un très beau masque de Jupiter, d'une fonte très légère et d'une belle patine.

196 — Un buste de Vitellius : bronze du XVIe siècle, d'un beau travail.

197 — Deux objets : une figurine, bronze égyptien antique, représentant un Isis assis, et une autre petite statuette, aussi égyptienne antique, représentant une constellation.

198 — Une figurine, bronze égyptien antique sur son piédouche, représentant un hermaphrodite ; très belle patine et d'une belle conservation.

199 — Six objets : trois bracelets dont deux à perles, et un cordé et trois bouts de lance.

200 — Deux statuettes en bronze antique, représentant

deux Vénus à leur toilette, l'une soutenue par un amour, sur socle en griote d'Italie et jaune antique.

201 — Deux petites canopes modernes, du temps de Louis XV, dont l'une porte le monogramme de Diane de Poitiers.

202 — Vingt objets : onze fibules, deux annulaires, un petit mascaron, quatre phallus, une petite tête de bélier et un pan jouant de la flûte.

203 — Cinq objets : quatre bracelets en forme de spirale, bien façonnés, et un poignard en bronze orné de dix demi-perles.

204 — Trois objets : un vase de forme ronde, sans anse, et deux bouts de timon de char, trouvés dans les marais Pontins.

205 — Deux objets : deux porte-mèches, dont l'un contient encore sa mèche, et une sonnette et son grelot.

206 — Deux figurines en bronze antique : un vieux faune accroupi, tenant sa barbe avec ses deux mains ; sa tête est couverte d'un bonnet de forme ronde, orné sur le derrière par un croissant ; cette petite figure peut avoir décoré une lampe ; autre petit faune assis, on y retrouve des traces d'une riche dorure. (Collection Alquier.)

207 — Un très joli vase à anse, laquelle se termine par un petit buste d'enfant, le dessus à moulure formant patère ; il a conservé une belle patine. (Collection Alquier.)

208 — Deux objets : une très petite statuette antique grecque, représentant un prêtre, tenant de la

main droite une patère de sacrifice. Toute la partie du corps, ainsi que la tête drapée, les yeux qui probablement étaient en argent manquent; elle est admirable de patine : et une autre représentant Camille, très fin d'exécution, ayant la tête laurée, tenant d'une main un rhyton et de l'autre une patère : petit bronze remarquable et bien conservé.

209 — Une petite figurine représentant Hercule jeune debout, la tête et une partie du corps couverts d'une peau de lion, tenant sa massue de la main gauche. (Collection Alquier.)

210 — Trois vases canopes avec hiéroglyphes sur les panses, et têtes de divinités égyptiennes sur les couvercles.

211 — Très jolie lampe antique, formée par un lion tenant dans sa gueule le porte-mèches, garnie de sa chaîne. (Collection Alquier.)

212 — Un manche de casserole, bronze antique romain ayant été doré : le bout forme une tête de bélier, les yeux ont été incrustés d'argent; d'un travail très fin.

213 — Deux objets : une patère à anse, très bien profilée en dessous, et une petite lampe dont le porte-mèche et formé par une tête de bélier. Ces deux bronzes sont d'une parfaite conservation et d'une très belle patine. (Collection Alquier.)

214 — Deux objets : une petite statuette, bronze romain, représentant un Camille tenant d'une main une corne d'abondance et de l'autre une patère; et une autre petite figurine, re-

présentant un Hercule, bronze étrusque avec belle patine.

215 — Deux anses réunies qui proviennent d'un même vase, dont les attaches sont ornées : l'une d'une tête de satyre, formant lampe, et l'autre d'une tête de Silène. Cet objet est très remarquable par la singularité de la composition et son beau style. (Collection Alquier.)

216 — Une casserole doublée en argent, trouvée dans les marais Pontins: sur son manche est gravé l'inscription suivante APPIHERA. Hauteur, 10 centimètres, longueur 29 centimètres 5 millimètres. (Collection Alquier.)

217 — Un très beau Camille, tenant de la main gauche un rhyton et de la main droite une patère; bronze antique d'une grande finesse, trouvé à Camon, près d'Amiens, en 1792.

218 — Une petite statuette, bronze antique grec, représentant Mercure tenant de la main droite une outre; les yeux incrustés en argent manquent, le petit piédestal est orné de petites figures représentant un roi présidant une assemblée d'animaux. Cet objet inédit est très remarquable par son antiquité et sa beauté.

219 — Trois objets: une noix moulée sur nature, un petit sanglier, et une souris rongeant une noix : les yeux incrustés manquent. (Collection Alquier.)

220 — Trois objets en bronze : une figurine représentant Pluton debout, passant sa main droite

sur Cerbère et s'appuyant de la gauche sur un bident; autre petite figurine représentant Minerve, et une petite représentant l'Espérance. (Collection Alquier.)

221 — Trois petits objets : toute petite statuette représentant Jupiter-Olympien, tenant de la droite son foudre; un mascaron de Silène ayant probablement servi d'anse à un vase, petit monument florentin d'une belle conservation; et une petite Isis égyptienne en bronze, portant une belle patine naturelle.

222 — Deux objets : un Anubis, bronze égyptien très fin d'exécution, ayant probablement servi de couverture à un vase, et une figurine, bronze antique, représentant un Hercule tenant sur le bras gauche la peau de lion et dans la main une corne d'abondance : belle patine très bien conservée.

223 — Bronze de la plus haute antiquité, remarquable par l'excellence du travail et la finesse de l'exécution, représentant, sur une hauteur de 80 centimètres (quart de nature), un des dieux de la trinité indienne : ses quatre bras dont les deux de derrière portent dans leurs mains élevées les divers symboles de la religion indienne, la coiffure du Dieu les ornements et attributs qui le décorent font présumer que ce doit être ou Brahma ou Vischnou.

Ce monument de la plus grande rareté se recommande de lui-même à MM. les amateurs.

224 — Un grand et très beau vase et son couvercle évidé, et anses très légères, prises dans la masse en porphyre oriental rouge, forme ovoïde des plus gracieuse. Cet objet capital dont le couvercle et le piédouche sont à moulure, nous paraît d'un travail antique. Hauteur 44 centimètres.

225 — Marbre blanc, statuette : Hercule au repos, appuyant sa main droite sur sa massue, et tenant le bras gauche derrière le dos; cet objet d'un travail antique est restauré. Hauteur, 42 centimètres.

226 — Un cygne en marbre blanc, mangeant du raisin dans un vase de forme antique. Cet objet précieux, dont la figure principale, svelte et bien posée, est d'un travail antique, a subi une petite restauration à la queue.

227 — Très joli vase en granit d'Egypte, noir et blanc, les anses prises sur la masse et percées. Il est remarquable par sa forme ovoïde très gracieuse et évidée.

228 — Un petit vase lacrimatoire en albâtre oriental, monté sur piédouche en bronze doré recouvert d'un verre. Objet très précieux par la délicatesse du travail.

229 — Trois objets : deux lacrimatoires en verre antique rayé bleu et blanc, et une petite fiole.

230 — Deux grands vases cinéraire en verre antique.

231 — Un fort lot, bronzes, tel que bracelets, fibules, mascarons, appliques, figurines, etc.

232 — Deux objets : un sceau en terre cuite, portant

des signes hiéroglyphiques en relief; et un vase en terre rouge et son couvercle d'une forme originale.

233 — Sous ce numéro seront vendus les objets omis au présent catalogue, et quantité de socles, dessus de table, etc., en matières orientales et autres.

www.ingramcontent.com/pod-product-compliance
Lightning Source LLC
Chambersburg PA
CBHW030055230526
45471CB00003B/1117